BEI GRIN MACHT SICH IHR WISSEN BEZAHLT

- Wir veröffentlichen Ihre Hausarbeit, Bachelor- und Masterarbeit

- Ihr eigenes eBook und Buch - weltweit in allen wichtigen Shops

- Verdienen Sie an jedem Verkauf

Jetzt bei www.GRIN.com hochladen und kostenlos publizieren

Bibliografische Information der Deutschen Nationalbibliothek:

Die Deutsche Bibliothek verzeichnet diese Publikation in der Deutschen National-
bibliografie; detaillierte bibliografische Daten sind im Internet über http://dnb.d-
nb.de/ abrufbar.

Impressum:

Copyright © 2013 GRIN Verlag, Open Publishing GmbH
Druck und Bindung: Books on Demand GmbH, Norderstedt Germany
ISBN: 9783668565944

Dieses Buch bei GRIN:

http://www.grin.com/de/e-book/378836/der-einfluss-von-mehrfacher-behinderung-
auf-die-konzentrationsleistung

Anonym

Der Einfluss von mehrfacher Behinderung auf die Konzentrationsleistung

GRIN Verlag

Humboldt Universität zu Berlin
Philosophische Fakultät IV
Institut für Rehabilitationswissenschaften

Der Einfluss von mehrfacher Behinderung auf die Konzentrationsleistung

Forschungsbericht im Rahmen der Lehrveranstaltung:
Studienprojekt zur quantitativen Forschungsmethodik
Modul 08 im Studiengang Rehabilitationspädagogik

Inhalt

1 Abstract

Die vorliegende Untersuchung hat zum Ziel eine Darstellung der Lernausgangslage von Jugendlichen mit einer mehrfachen Behinderung in einer berufsvorbereitenden Maßnahme. Der Fokus der Untersuchung liegt auf der Analyse des Zusammenhangs zwischen Anzahl der Behinderung und Konzentrationsleistung. Instrument zur diagnostischen Erhebung ist das Frankfurter Aufmerksamkeitsinventar (FAIR-2). Die Daten- und Ergebnisanalyse weisen derzeit auf die Notwendigkeit besserer methodischer Ausdifferenzierung zur gesicherten Ergebnisgewinnung hin. Der Sinn besteht langfristig gesehen darin zielgruppenspezifische Angebote für die Förderung zu planen und bereitzustellen.

2 Einleitung

Das Erlangen eines Berufes sowie der anschließende Einstieg in das Arbeitsleben ist wichtiger Teil der Sozialisation jedes Menschen. Durch die Arbeitstätigkeit erfährt der Mensch Sinnhaftigkeit und das Gefühl mitwirken zu können (vgl. Baudisch, Schule & Wüllenweber 2004, S. 233). Baudisch (2004) verdeutlicht den Stellenwert von Arbeit indem er die Teilhabe am Arbeitsleben als „Gradmesser ihrer [*der Menschen mit Behinderungen, Anm. d. Verf.*] sozialen Integration" bezeichnet (ebd.). Neben motivationalen Aspekten wirkt sich die berufliche Tätigkeit ebenso positiv auf soziale und kognitive Fähigkeiten aus (ebd.). Voraussetzung für einen gelungenen Einstieg in das Berufsleben ist gerade bei Menschen mit einer Beeinträchtigung die individualisierte berufliche Vorbereitung (ebd.).

Von staatlicher Seite stehen dafür nach §§ 51 ff. SGB III Hilfen in Form berufsvorbereitender Bildungsmaßnahmen zur Verfügung (Bundesagentur für Arbeit 2012). Leistungserbringer sind für junge Menschen mit Beeinträchtigungen Einrichtungen der beruflichen Rehabilitation, wie z.B. Berufsbildungswerke.

Die Schwierigkeit geeignete Fördermaßnahmen anzubieten lässt sich durch einen von acht Leitsätzen den Baudisch et al. (2004) im Zusammenhang mit beruflicher Rehabilitation entwickelt haben gut beschreiben. Dieser besagt, dass sich der

Prozess beruflicher Rehabilitation als „hochdifferenziert" erweist, „bedingt durch die unterschiedlichen individuellen und behinderungsabhängigen Bedürfnisse der betreffenden Person [...]" und in dem „Bedingungen und Hilfen auf vielfältige Weise modifiziert werden müssen" (ebd., S. 237).

Auch die Bundesarbeitsgemeinschaft der Berufsbildungswerke hält die „genaue Analyse der Defizite und Stärken, Eignungen und Neigungen des Behinderten." (Asam 1994, S. 53) unter „Kenntnis der bestehenden und sich wandelnden Anforderungsstrukturen in Beruf und Gesellschaft" (ebd.) grundlegend für eine erfolgreiche Rehabilitationsplanung. Die defizitorientierte Sichtweise und Verwendung der alten Begrifflichkeit für Menschen mit einer Behinderung ist dem Alter des Textes geschuldet, bietet jedoch inhaltlich zusammen mit den Aussagen von Baudisch et al. den Ausgangspunkt für eine Fragestellung, die in dieser Arbeit behandelt wird. Zur Modifizierung von Hilfen müssen zunächst die Bedingungen herausgestellt werden, unter denen die Jugendlichen in der Bildungsmaßnahme lernen, um dann die angewandten Förderungsmethoden auf Ihre Effektivität hin zu überprüfen. Im Anschluss können dann eventuelle Anpassungen vorgenommen werden.

3 Forschungsstand und Theorie

Die Wirksamkeit der berufsvorbereitenden Maßnahmen ist erst dann erreicht, wenn nicht nur die Ausbildung erfolgreich abgeschlossen wird sondern ein konkurrenzfähiger Arbeitnehmer auf dem ersten Arbeitsmarkt Beschäftigung gefunden hat (Baudisch et al. 2004, S. 234). Aber welche Kenntnisse und Anforderungen muss ein Jugendlicher für das Berufsleben und die berufliche Ausbildung mit sich bringen um konkurrenzfähig zu sein? Antwort liefert der „Kriterienkatalog zur Ausbildungsreife" der Bundesagentur für Arbeit (2009), der 25 einzelne Merkmale in fünf Merkmalsbereichen unterscheidet. Hinsichtlich des Merkmals „Daueraufmerksamkeit" (S. 38) liegt mit der Diplomarbeit von Andrea Westermann (2013) eine Untersuchung vor, die Aufschluss über die Wirksamkeit einer speziellen Fördermaßnahme in Form des Marburger Konzentrationstrainings für Jugendliche in berufsvorbereitenden Maßnahmen gibt. Es wurde die Effektivität des sechswöchigen Trainings im Theodor-Schäfer

Berufsbildungswerk Husum untersucht mit dem Ergebnis, dass nur Teilnehmer ohne eine Lernbehinderung eine entscheidende Verbesserung der Dauer- und selektiven Aufmerksamkeit erreichen konnten. Das Training setzt bereits kognitive Leistungen im mittleren bis oberen Leistungsbereich voraus (S. 67).

Das wirft die Frage auf, welches Training für Menschen geeignet ist, die eine schwierigere Lernausgangslage haben. Zumal, betrachtet man die Tatsache, dass bereits eine statistische Analyse von 1992 in einem Berufsbildungswerk für körper- und lernbehinderte junge Menschen ergab, dass die Regel eine Mehrfachbehinderung darstellt (im Durchschnitt 3,68 Einzelbehinderungen pro Rehabilitand) (Asam 1994, S. 24), so ergibt sich die Notwendigkeit das vorhandene Datenmaterial zu erweitern und die Zielgruppe der Menschen mit einer mehrfachen Behinderung stärker in den Fokus zu nehmen.

Nimmt man an, das das Vorhandensein einer Mehrfachbehinderung vorliegt und das die Ursache für eine verminderte Leistungsfähigkeit ist so ist zu überlegen, ob nicht auch spezielle für diese Zielgruppe geeignete Interventionsmaßnahmen entwickelt werden müssten.

Demzufolge lautet die Annahme für eine Untersuchungshypothese:

Menschen mit einer mehrfachen Behinderung haben eine geringere Leistungsfähigkeit als Menschen mit einer einfachen Behinderung.

Aufgrund des zeitlich stark begrenzten Zeitrahmens dieser Untersuchung von wenigen Wochen kann hier nur die Analyse eines Ist-Zustandes vollzogen werden. Diese kann nur eingegrenzt auf einen Teilaspekt der Leistungsfähigkeit, nämlich Konzentration durchgeführt werden. Konzentration stellt eine Basisleistung für jede praktische und intellektuelle Tätigkeit dar (Schellig 2009, S. 25) und ist somit eine der wichtigen zu untersuchenden Fähigkeiten im Bereich der berufsvorbereitenden Förderung.

Die Forschungsthese lautet also: Menschen mit einer mehrfachen Behinderung haben eine geringere Konzentrationsfähigkeit als Menschen mit einfacher Behinderung.

Eine allgemeine Behinderungsdefinition findet sich beim Behindertenverband Deutschland (2002):

> „Behinderung [...] ist jede Verhaltensweise, Maßnahme oder
> Struktur, die Menschen mit körperlichen, geistigen oder seelischen
> Beeinträchtigungen Lebens-, Entfaltungs- und

Teilhabemöglichkeiten nimmt, beschränkt oder erschwert. Behinderung im Sinne anspruchsbegründender Lebenslage ist jede körperliche, geistige oder seelische Beeinträchtigung, die Menschen an der Teilhabe am Leben in der Gemeinschaft hindert und/oder persönliche Entfaltungsmöglichkeiten erschwert." (in Baudisch 2004, S. 19).

Mehrfachbehinderung wird definiert als das Vorhandensein einer oder zwei Primärbehinderungen in Verbindung mit sekundären und tertiären Behinderungen (Asam 1994, S. 24). Auch der Bundesverband für körper- und mehrfachbehinderte Menschen e.V. erklärt den Begriff so auf ihrer Internetseite. Nicht gemeint ist die Behinderung im Sinne einer schwerst(mehrfachen) Behinderung wie sie Baudisch et al. (2004) definieren, z.B. bei Menschen mit einer schweren geistigen und körperlichen Behinderung oder Autismus (S. 259). Ebenfalls nicht differenziert wird entsprechend der Behinderungsgrade nach §2 SGB IX zur Schwerbehinderung, obwohl vermutlich alle Teilnehmer der Studie dieser Kategorie zuzurechnen sind.

Zwischen Konzentration und Aufmerksamkeit wird hier keine Unterscheidung getroffen, da beide Konstrukte eng miteinander verknüpft sind und häufig in der Wissenschaft synonym verwendet werden (Schmidt-Atzert & Büttner 2004, S. 5). Konzentration bzw. Aufmerksamkeit beinhaltet u.a. nach Schellig (2009) vier Teilaspekte: Alertness (Aufmerksamkeitsaktivierung), längerfristige Aufmerksamkeit bzw. Daueraufmerksamkeit, selektive bzw. fokussierte Aufmerksamkeit und geteilte bzw. verteilte Aufmerksamkeit (S. 25).

Im Kontext beruflicher Fähigkeiten erscheinen v.a. die Daueraufmerksamkeit sowie die selektive bzw. fokussierte Aufmerksamkeit grundlegend. In dieser Arbeit wird sich aus Zeitgründen lediglich auf das letzte Konstrukt konzentriert. Die Selektive Aufmerksamkeit beschreibt die Fähigkeit die Wahrnehmung auf bestimmte Teilaspekte einer Aufgabe entsprechend einer vorgegebenen Zielvorgabe zu fokussieren und gleichzeitig die für die Erfüllung der Aufgabe irrelevanten Aspekte zu vernachlässigen (ebd.). Die fokussierte Aufmerksamkeit beschreibt die Fähigkeit auch unter zusätzlich ablenkenden Bedingungen die Konzentration auf die Zielerfüllung aufrechtzuerhalten (ebd.).

4 Methode

4.1 Zielgruppe und Stichprobe

Bei der Studie handelt es sich um 131 Rehabilitanden (42 weiblich, 89 männlich) mit verschiedenen Einschränkungen, Aufmerksamkeits- und/oder Verhaltensproblemen. Es liegt eine geschichtete Stichprobe vor. Der Altersdurchschnitt beträgt 17,88 Jahre. Wobei die Spannweite bei 15 bis 20 Jahren liegt. Davon haben 75,6 % eine Körperbehinderung, 51,9 % eine psychische Behinderung, 38,2% eine Sinnesbehinderung,, 26,7 % eine Lernbehinderung, 22,1 % sind verhaltensauffällig, 7,6 % sind leichtgradig schwerhörig, 9,2 % mittelgradig und 13 % sind hochgradig schwerhörig, dabei benötigen 11,5 % eine Gebärdenunterstützung, 3,1% haben eine deutliche Sehbehinderung. Anteilig besitzen 20 Probanden eine Behinderung, 54 Probanden zwei Behinderungen, 44 Probanden drei, 11 Probanden vier, je ein Proband fünf bzw. sechs Behinderungen. Diesbezüglich konnten, erfasst durch den Markierungswert M < 0,95, 15 Personen aufgrund zu geringen Instruktionsverständnisses nicht ausgewertet werden.

4.2 Untersuchungsplan und Durchführung

Grundlage für die Untersuchung bilden bereits erhobene Daten aus dem Projekt "Evaluation und Optimierung von Diagnostik und Förderung in berufsvorbereitenden Bildungsmaßnahmen, BvB" vom Theodor-Schäfer-Berufsbildungswerk Husum. Die Gesamtlaufzeit erstreckt sich in einem Zeitraum von 36 Monaten (2010-2013).

Es wird sich bei dieser Studie auf das Teilprojekt III „Entwicklung und Evaluation einer Intervention in modularer Struktur zur Verbesserung von Aufmerksamkeitssteuerung, Selbstregulation, Selbstreflexion im Rahmen der rehaspezifischen Berufsvorbereitenden Bildungsmaßnahme (BvB)" bezogen, welches Daten aus einer Prä-Post-Erhebung liefert (vgl. Breitenbach & Weiland, 2011, S. 4 f.). Die Intervention in der Eingangsanalyse und der Forschungsstudie geschieht mit dem Modul „Konzentrationsförderung". Dieses soll prüfen, inwieweit eine Verbesserung der kognitiven und sozialen Kompetenz durch die in der BvB durchgeführten Interventionen zu Veränderungen bei den Jugendlichen führt. Die Interventionsdauer beträgt dabei 4 Wochen.

Das diagnostische Verfahren ist das Frankfurter Aufmerksamkeitsinventar (FAIR-2). In der Originalstudie finden weitere Verfahren, wie der Konzentrations-Verlaufs-Test (K-V-T), Skala zur Erfassung von Aufmerksamkeitsdefiziten (SEA-S und SEA-FA) oder das Marburger Konzentrationstraining für Jugendliche (MKT-J) Anwendung.

Die Entscheidung, in der vorliegenden Untersuchung den Fokus auf den FAIR-2 zu legen fiel deshalb, weil es sich um ein neu entwickeltes psychodiagnostisches Verfahren handelt. Das besondere ist, dass sich dieses Verfahren der Lösung jener Problematik annimmt, dass bei häufig praktizierten Aufmerksamkeits- und Konzentrationstest am Ende der Testausführung gar keine Konzentration gezeigt wird. Der FAIR-2 schützt die Probanden vor falschen bzw. unfairen Beurteilungen und kann eine erhöhte Testfairness gewährleisten (worauf später noch eingegangen wird) (vgl. Moosburger & Oehlschlägel, 1996 S. 13). Durch die Eingangsanalyse wurden die von Aufmerksamkeitsstörungen betroffenen Jugendlichen erfasst und konnten somit den Studiengruppen zugeteilt werden. Nach der Hauptdiagnostik- und Interventionsphase wurde am Ende des Projekts der FAIR-2 nochmals angewandt. Daten zum Vergleich gegenüber der Eingangsanalyse konnten so gewonnen werden.

Bei der ursprünglichen Studie handelt es sich um eine quasi-experimentelle Längsschnittstudie. Hier werden nur Daten der Eingangsanalyse betrachtet, womit eher eine Querschnittstudie vorliegt.

Die Forschungshypothese lautet wie folgt: H_1: $\rho_{AzB, K} < 0$. Die Gegenhypothese lautet entsprechend: H_0: $\rho_{AzB, K} \geq 0$.

Zur Ermittlung der prozentualen Verteilung wurde zu Beginn der Analyse die Häufigkeit der einzelnen Behinderungsarten und Häufigkeit der Anzahl der Behinderung bei den Probanden erfasst. Des Weiteren wurden die beiden Variablen „Anzahl der Behinderung" und „Konzentration" korreliert. Im Anschluss daran wurden dann die Mittelwerte der Konzentration, in Abhängigkeit von der Anzahl der Behinderungen ermittelt. Die Konzentration wird mittels des Kontinuitätswert K des FAIR-2 getestet, da nur dieser Wert ungünstige Aufmerksamkeitsleistungen aufgrund unterschiedlicher Arbeitsstile (z.B. langsame, gründliche Arbeit vs. schnelle, weniger sorgfältige Arbeit) ausgleicht.

4.3 Forschungsinstrument/ FAIR-2

Das Frankfurter Aufmerksamkeitsinventar FAIR-2 (Moosbrugger & Oehlschlägel, 2011) ist die zweite überarbeitete normenaktualisierte Ausgabe des FAIR (1996). Die folgende Beschreibung ist aus dem Testmanual entnommen. Es handelt sich um ein neu entwickeltes Verfahren zur Untersuchung des individuellen Aufmerksamkeitsverhaltens. In einem klassischen paper-pencil-Verfahren müssen visuell ähnliche Zeichen unter gleichzeitiger Ausblendung aufgabenirrelevanter Informationen genau und schnell unterschieden werden. Der Test unterstützt bei allen Items die Forderung nach einer mentalen Koordination und erfasst die persönlichen Unterschiede im Aufmerksamkeitsverhalten und der Konzentrationsfähigkeit. Um dies zu implizieren sind folgende Aspekte berücksichtigt: die Aufmerksamkeitsleistung (L), die Informationen über das Arbeitstempo liefert, die Aufmerksamkeitsqualität (Q), welche die Sorgfalt und relative Fehlerfreiheit wiedergibt und die Aufmerksamkeitskontinuität (K), die Auskunft gibt über das Ausmaß der kontinuierlichen, aufrechterhaltenen Konzentration. Der Kontinuitätswert wird durch die Verknüpfung von L und Q gewonnen.

Die Durchführungs- und Auswertungsobjektivität ist durch Schablonen zur eindeutigen Protokollierung der Probandenergebnisse und standardisierte Bestimmungen gegeben. Der Markierungswert M kann darlegen, ob eine fundierte Diagnose hinreichend ist oder nicht. Hierbei handelt es sich um eine Kenngröße über die Befolgung der Instruktion. Altersdifferenzierte Prozentrang- und Stanine-Normen lassen eine normorientierte Interpretation zu. Bei der Validität ist ein großer Bezug zwischen den Erwartungen der Items und realen Situationen festzustellen. Erbrachte Diskriminationsleistung der Probanden weisen eine hohe Praxisnähe auf. Die konvergente Validität des FAIR-2 ist durch verschiedene Analysen von Zusammenhängen mit anderen Tests, wie zum Beispiel dem Aufmerksamkeit-Belastungs-Test d2, belegt.

Durch die Bestimmung eines Reliabilitätskoeffizienten erfolgt die Überprüfung der Messgenauigkeit für die Reliabilität. Die Koeffizienten können zwischen null und eins variieren und sollten möglichst größer als .70 sein. Multipliziert man diese mit dem Faktor 100, so erfährt man den Prozentsatz der wahren Testvarianz. Durch die hohe Itemhomogenität ist die interne Konsistenz garantiert.

Es existieren zwei parallele Testformen A und B mit 320 Testitems pro Form. Für die Bearbeitung sind jeweils 6 Minuten pro Testform angegeben. Die Ziel-Items sind Kreise mit zwei Punkten und Quadrate mit drei Punkten, oder aber Kreise mit drei Punkten und Quadrate mit zwei Punkten. Diese müssen schnellstmöglich markiert werden, wobei nicht zu markierende unterstrichen werden müssen, um eventuelle Ergebnisverzerrungen zu umgehen.

Die Auswertung von dem Kontinuitätswert K, erfolgt über das Multiplizieren des Qualitätswerts(Q) und des Leistungswerts (L).

4.4 Statistische Datenanalyse

Durch die Statistiksoftware „PASW Statistics 18" (30.07.2009) der IBM SPSS Statistics erfolgt die Datenanalyse. SPSS steht heute für „Superior Performing Software System" (Pinnekamp & Siegemann, 2008 S. 281). Auf Grund des Anspruches Leistungsabweichungen so genau wie möglich zu ermitteln, werden für die Berechnung Rohwerte verwendet. Da es sich um eine gerichtete Hypothese handelt erfolgt der Test auf Signifikanz, innerhalb der Korrelation, einseitig. Als signifikant gelten Werte mit $p < .05$. Bei der Korrelation wird in Anbetracht der kleinen Stichprobengröße der Korrelationskoeffizient Kendall- Tau genutzt (Bortz & Lienert 2008, S. 290f.; Bortz Schuster 2010, S. 178f.). Die Effektstärke wurde nach Cohen angegeben.

5 Ergebnisse

Die Werte der Merkmalsausprägung Anzahl der Behinderung 5 und 6 wurden nicht berücksichtigt, da jeweils nur ein Merkmalsträger erfasst wurde bzw. für die Ausprägung 5 kein Wert vorlag. Somit reduziert sich die zu analysierende Range auf 3 mit der maximalen Merkmalsausprägung von 4 und der minimalen Merkmalsausprägung von 1.

Bei allen betrachteten Merkmalspaaren mit der Ausprägung 1 findet sich ein negativer Korrelationskoeffizient. Am höchsten ist dieser bei der Paarung 1-3 mit -.164 und am niedrigsten bei der Paarung 1-4 mit -.053.

Die Paarungen 2-3, 2-4 und 3-4 ergeben einen positiven Korrelationskoeffizienten, wobei der Zusammenhang 2-3 nahezu Null ist. Der Zusammenhang
bei 2-4 und 3-4 ist am höchsten. Beide Werte liegen nah beieinander. Rundet man
beide Ergebnisse auf -.10 auf weisen diese noch immer eher in Richtung Null als
in Richtung +1 (Bedeutung siehe Diskussion Kap.6.1). Zur Übersicht vergleiche
Tabelle 1.

Tabelle 1 Übersicht Korrelation, Signifikanz, Effektmaß

betrachtetes Merkmalspaar Anzahl der Behinderung	Kendalls $\mathcal{T}$ K mit Anzahl der Behinderung	Sign.	Effektmaß (Cohen)	N
1-2	-.160	.082	Keine (keine praktische Relevanz)	52
1-3	-.164	.120	Klein (geringe pr. Relevanz)	36
1-4	-.053	.388	Mittel (mittlere pr. Relevanz)	21
2-3	.017	.434	Mittel (mittlere pr. Relevanz)	64
2-4	.086	.235	Klein (geringe pr. Relevanz)	49
3-4	.095	.259	Klein (geringe pr. Relevanz)	33

Um herauszufinden in welcher Art und Weise die jeweiligen Paarungen
zusammenhängen wurden die Mittelwerte der Merkmalsausprägungen 1 bis 4
bezüglich des Kontinuitätswerts K ausgewertet. Zur Veranschaulichung siehe
Tabelle 2. Der Wert der Ausprägung 6 kann nicht gewertet werden, da mit N=1
eine zu kleine Stichprobengröße vorliegt. Der Wert für die Ausprägung 5 ist
ungültig und kann nicht mit einbezogen werden. Am höchsten zeigt sich der
Mittelwert bei der Ausprägung 1, am geringsten bei der Ausprägung 2. Die
Differenz zwischen dem höchsten und niedrigsten Wert beträgt 49,64195.

Tabelle 2 Mittelwerte

Anzahl Behinderung	N ges.	N gültig	MW von Kontinuitätswert K
1	20	12	262,42858

2	54	40	212,78663
3	44	24	214,53454
4	11	9	252,26578
5	1	-	nicht vorhanden
6	1	1	287,30000
gesamt	131	86	

Setzt man voraus, dass signifikante Werte bei $p < .05$ liegen, so ist keines der Ergebnisse signifikant.

Die praktische Relevanz entsprechend des Effektmaßes nach Cohen ist bei allen Paarungen außer 1-2 gegeben. Am höchsten ist dieser bei den Paarungen 2-3 sowie 1-4.

6 Diskussion und Fazit

6.1 Ergebnisinterpretation

Ist mit -1.0 ein perfekter negativer Zusammenhang und mit $+1.0$ ein perfekter positiver Zusammenhang vorgegeben, so weisen die Ergebnisse auf einen Zusammenhang eher in Richtung erwarteter negativer Zusammenhanghypothese H_1 hin.

Zu erwarten wäre gewesen, dass die Paarung 1-4 den höchsten Korrelationskoeffizienten hat, allerdings liegen die Werte von 1-3 und 1-4 mit -.164 und -.160 nah beieinander.

Der Zusammenhang der Paarung 2-3 bei nahezu Null war zu erwarten und bestätigt unsere Hypothese H_1 insofern, als das zwei und drei Behinderungen von ihrer Stärke her nah beieinander liegen und sich somit auch die Konzentrationsleistungen ähneln und sich wenig unterscheiden. Obwohl 2-4 und 3-4 einen höheren Wert aufweisen, kann hier nicht von einem plausiblen Zusammenhang gesprochen werden. Das Ergebnis entspricht nicht der H_1-Hypothese. Bei 2-4 wäre ein höherer Wert zu erwarten gewesen, da die beiden Ausprägungen weiter voneinander weg liegen als z.B. 2-3. Dies könnte an der geringen Teilstichprobengröße der Merkmalsgruppe 4 liegen, n= 11 Personen. Außerdem wäre im Vergleich zu 3-4 ebenfalls ein höherer Wert zu erwarten gewesen, weil die Differenz der Anzahl der Behinderungen größer ist (1 vs. 2 Differenzen) und damit eine stärkere, i.S.v. mehrfache Behinderung vorliegt. Außerdem weisen die Ausprägungen 3 und 4 an sich schon eine höhere Ausprägung (starke Behinderung) in Richtung erwarteter Hypothese auf. Bezüglich der Mittelwerte wurde erwartet, dass dieser mit steigender Anzahl der Behinderung abnimmt. Dies ist der Fall bei Ausprägung 2 und 3 im Vergleich zu 1. Wobei der Wert für 3 über dem Wert von 2 liegt. Der Wert von 4 liegt zwar unter dem Wert von 1 jedoch über den Werten von 2 und 3. Damit kann die Erwartung nicht pauschal bestätigt werden sondern eine differenzierte Analyse wird notwendig. Eventuell kommt es zu Verzerrungen aufgrund der geringen Stichprobengröße bei 4 (9 Probanden).

Durch die Auswertung über Mittelwertsunterschiede können nur Angaben über Rangverteilungen gemacht werden. Das heißt es ist möglich die Gruppen der Merkmalsträger in eine Rangfolge zu bringen ohne jedoch nähere Angaben machen zu können über Verhältnisse der Abstände zwischen den einzelnen Gruppenwerten. Das wäre hilfreich um eine Einordnung der Werte vornehmen zu können.

Nach der Signifikanzprüfung wäre die H_1 zu verwerfen und stattdessen die H_0 anzunehmen. Auch die Möglichkeit den α −Fehler von 5% zu erhöhen macht wenig Sinn, da dieser mindestens auf 10% bzw. 30% gesetzt werden müsste, um signifikante Ergebnisse zu erhalten. Damit wäre die Wahrscheinlichkeit eine falsche Hypothese anzunehmen so gut wie gegeben. Eine mögliche Erklärung wären die zu geringen Stichprobengrößen. N müsste deutlich erhöht werden.

Hinsichtlich des Effektmaßes für 1-2 lässt sich schlussfolgern, dass die Konzentrationsleistung aufgrund der niedrigen Behinderung bereits von Grund auf hoch ist und das Ergebnis somit für die Untersuchung hinsichtlich unserer Hypothese keine praktische Relevanz besitzt.

6.2 Mögliche Fehlerquellen

Die Anfänglich recht große Stichprobe von N=131 dezimierte sich im Verlauf der Untersuchung auf N=86. Das hat zur Folge, dass die Teilstichproben in den einzelnen untersuchten Merkmalsgruppen teilweise nur sehr gering waren.

In der Analyse konnte nicht beachtet werden, wie sich die Art der Behinderungen auf die einzelnen Merkmalsgruppen aufteilen. Damit konnten mögliche Effekte (z.B. Jugendliche mit einer Lernbehinderung könnten v.a. in Gruppe 2 vorkommen und damit den Mittelwert der Konzentration nach unten hin beeinflussen) nicht beachtet werden. Ebenfalls nicht beachtet wurde der Umstand, dass viele Arten der Behinderung nicht automatisch einen ungünstigen Einfluss auf die Konzentration haben, wie zum Beispiel eine Körperbehinderung oder Sehbeeinträchtigung. Die Definition von mehrfacher Behinderung mit der gearbeitet wurde ist kritisch zu sehen. Dies ließe sich zukünftig mit einer besseren Verteilung der Teilstichproben beheben sowie mit einer Varianzanalyse.

Nicht einzuschätzen ist wie bei Westermann (2013) angegeben die Wirkung von Medikamenteneinnahme auf die Konzentration (S. 70). Dabei ist schwierig einzuschätzen, ob Jugendliche mit einer mehrfachen Behinderung unter Umständen auch stärkere oder in der Anzahl mehr Medikamente erhalten, welche die Konzentrationsfähigkeit noch zusätzlich beeinflussen.

Schwierigkeiten bereitete neben der Anwendung statistischer Analyseverfahren auch die Wertung der Ergebnisse. Gerade bei den Mittelwertergebnissen lassen sich keine Schlussfolgerungen bezüglich einer Normgruppe treffen. Das heißt Aussagen dazu, wie sich die Konzentration im Vergleich zu einer Normgruppe darstellt sind so nicht möglich. Dazu wäre eine Auswertung für jeden Einzelfall über den Prozentrang und Standard-Nine-Normen notwendig (Moosburger & Oehlschlägel 1996, S. 61f.).

Zusammenfassend lässt sich sagen, dass sich die Ergebnisse sehr unterschiedlich darstellen. Sie erscheinen in Bezug auf die Ausgangshypothese eher wenig belastbar. Der Analyse liegen mehrere mögliche Fehlerquellen zu Grunde, der durch eine differenziertere Auswertung Rechnung getragen werden müsste. Über eine veränderter Hypothese unter Einbezug eines zweiten Messzeitpunktes, z.B. nach dem Fördertraining ist nachzudenken.

6.3 Fazit

Die Arbeit beleuchtete unter der Hypothese „Menschen mit mehrfacher Behinderung haben eine geringere Konzentrationsleistung als Menschen mit einfacher Behinderung" den Ausgangspunkt individueller Förderplanung im Bereich der berufsvorbereitenden Maßnahmen, indem versucht wurde einen Ist-

Zustand abzubilden mit dem Fernziel vorhandene Trainingsmaßnahmen zielgruppenspezifischer anzupassen. Aufgrund der wenig gesicherten Datenlage ist eine abschließende Einschätzung der Ergebnisse noch nicht möglich und gibt Anregungen für weitere differenziertere Auswertungen.

Ansatzpunkte für weitere Untersuchungen bietet auch der Umstand, dass hier nur ein kleiner Teilaspekt der Konzentration bzw. Aufmerksamkeit untersucht wurde. Abschließend ist auf jeden Fall festzuhalten, dass aufgrund einer Zuordnung von Menschen zu einer oder mehrerer Behinderungsarten keine Aussage über angemessene pädagogische Maßnahmen möglich sind (Baudisch et al. 2004, S. 20). In diesem Sinne ist zusätzlich zur quantitativen Analyse immer auch eine individuelle Fallbetrachtung notwendig.

Literaturverzeichnis

Asam, Wolfgang (1994): Rehabilitation junger Menschen mit Behinderungen. Freiburg [Breisgau]: Lambertus-Verl.

Baudisch, Winfried; Schule, Marion; Wüllenweber, Ernst (2004): Einführung in die Rehabilitationspädagogik. Stuttgart: Kohlhammer (Urban-Taschenbücher, 590).

Bortz, Jürgen; Lienert, Gustav A. (2008): Kurzgefasste Statistik für die klinische Forschung. Leitfaden für die verteilungsfreie Analyse kleiner Stichproben ; mit 97 Tabellen sowie zahlreichen Formeln. Heidelberg: Springer. Online verfügbar unter http://link.springer.com/book/10.1007/978-3-540-75738-2/page/1, zuletzt geprüft am 29.09.2013.

Bortz, Jürgen; Schuster, Christof (2010): Statistik für Human- und Sozialwissenschaftler. Mit ... 163 Tabellen. Berlin [u.a.]: Springer. Online verfügbar unter http://link.springer.com/book/10.1007/978-3-642-12770-0/page/1, zuletzt geprüft am 29.09.2013.

Breitenbach, E.; Weiland, K. (2011): Evaluation und Optimierung von Diagnostik und Förderung im Rahmen der Berufsvorbereitenden Bildungsmaßnahme. Zwischenbericht.

Bundesagentur für Arbeit (2009): Nationaler Pakt für Ausbildung und Fachkräftenachwuchs - Kriterienkatalog zur Ausbildungsreife, März 2009. Online verfügbar unter http://www.arbeitsagentur.de/zentraler-Content/Veroeffentlichungen/Ausbildung/Kriterienkatalog-zur-Ausbildungsreife.pdf, zuletzt geprüft am 28.09.2013.

Bundesagentur für Arbeit (2012): Fachkonzept für berufsvorbereitende Bildungsmaßnahmen nach §§ 51 ff. SGB III, November 2012. Online verfügbar unter http://www.arbeitsagentur.de/zentraler-Content/HEGA-Internet/A05-Berufl-Qualifizierung/Dokument/HEGA-11-2012-VA-BvB-mit-produktionsorientiertem-Ansatz-Anlage-3.pdf, zuletzt geprüft am 28.09.2013.

Büttner, Gerhard; Schmidt-Atzert, Lothar (Hg.) (2004): Diagnostik von Konzentration und Aufmerksamkeit. Göttingen [u.a.]: Hogrefe (Tests und Trends : Neue Folge, 3).

Moosburger, H. &. Oehlschlägel J. (1996): FAIR-2. Frankfurter Aufmerksamkeits-Inventar 2. Bern: Hans Huber.

o.A.: Drittmittelprojekt "Evaluation und Optimierung von Diagnostik und Förderung in berufsvorbereitenden Bildungsmaßnahmen, BvB". Online verfügbar unter http://www.reha.hu-berlin.de/lehrgebiete/rhp/forschung/drittmittelprojekt, zuletzt geprüft am 08.07.2013.

Pinnekamp, Heinz-Jürgen; Siegmann, M. Frank (2008): Deskriptive Statistik. Mit einer Einführung in das Programm SPSS: Oldenbourg Wissenschaftsverlag. Online verfügbar unter http://www.lob.de/cgi-bin/work/suche2?titnr=254968813&flag=citavi.

Schellig, Dieter (2009): Aufmerksamkeit, Gedächtnis, exekutive Funktionen. Handbuch neuropsychologischer Testverfahren. Göttingen [u.a.]: Hogrefe.

Schmidt-Atzert, Lothar; Büttner, Gerhard; Bühner, Markus (2004): Theoretische Aspekte von Aufmerksamkeits-/Konzentrationsdiagnostik. In: Gerhard Büttner und Lothar Schmidt-Atzert (Hg.): Diagnostik von Konzentration und Aufmerksamkeit. Göttingen [u.a.]: Hogrefe (Tests und Trends : Neue Folge, 3), S. 3–22.